Karl Rahner

Würde mir Gott fehlen?

Karl Rahner

Würde mir Gott fehlen?

Herausgegeben von
Andreas R. Batlogg
und Peter Suchla

Matthias Grünewald Verlag

VERLAGSGRUPPE PATMOS

PATMOS
ESCHBACH
GRÜNEWALD
THORBECKE
SCHWABEN
VER SACRUM

Die Verlagsgruppe
mit Sinn für das Leben

Die Verlagsgruppe Patmos ist sich ihrer Verantwortung
gegenüber unserer Umwelt bewusst. Wir folgen dem Prinzip
der Nachhaltigkeit und streben den Einklang von wirtschaftlicher Entwicklung, sozialer Sicherheit und Erhaltung unserer
natürlichen Lebensgrundlagen an. Näheres zur Nachhaltigkeitsstrategie der Verlagsgruppe Patmos auf unserer Website
www.verlagsgruppe-patmos.de/nachhaltig-gut-leben

Alle Rechte vorbehalten
© 2022 Matthias Grünewald Verlag
Verlagsgruppe Patmos in der Schwabenverlag AG, Ostfildern
www.gruenewaldverlag.de

Umschlaggestaltung: Finken & Bumiller
Umschlagmotiv: © Deutsche Region der Jesuiten
Satz: Schwabenverlag, Ostfildern
Druck: GGP Media GmbH, Pößneck
Hergestellt in Deutschland
ISBN 978-3-7867-3316-1

Inhalt

Geht es auch ohne Gott?
Einführung der Herausgeber 7

1. Gott, der namenlos-ferne 33

2. Gott kann man nicht benutzen 41

3. Die religiöse Anlage des Menschen ist unzerstörbar 55

4. Vom Traditions- zum Wahlchristentum 59

5. Lässt sich Gott erfahren? 63

6. Mit den Augen Jesu 75

Zu den Textquellen 79

Anmerkungen 87

Geht es auch ohne Gott?

Einführung der Herausgeber

Dios solo basta – »Gott allein genügt«: Dieser Ausspruch findet sich bei Teresa von Ávila (1515–1582), der großen Mystikerin und Ordensreformerin, die als erste Frau überhaupt 1970 offiziell von einem Papst zur Kirchenlehrerin erhoben wurde. Der Ausspruch mag für sie selbst zutreffend gewesen sein. Aber viele Menschen, besonders in der westlichen Hemisphäre, würden heute vielleicht eher sagen: »Wohlstand und Sicherheit genügen mir, Gott fehlt mir nicht.«

Geht es wirklich auch ohne Gott? Leere oder sich leerende Kirchen sind keine gültige Antwort auf diese Frage. Wer dem Gottesdienst fernbleibt, kann dennoch an Gott glauben. Selbst ein Kirchenaustritt bedeutet noch längst nicht automatisch fehlenden Gottesglauben. Wer geht, macht damit manchmal nur deutlich: »Diese Institution möchte ich mit meinem Geld nicht weiter unterstützen, ich will keine Kirchensteuer mehr zahlen.«

Sogar, wer ausdrücklich sagt, dass er von Gott nichts (mehr) wissen will, meint häufig nur: »Ich will von *dem* Gott nichts mehr wissen, von dem ihr mir erzählt, eure Art, den

Glauben an Gott zu praktizieren, stößt mich ab.« Oder er bzw. sie hat selber noch ein naives Bild von Gott vor Augen und sagt daher mit Recht: »An solch einen Gott mag ich nicht glauben.«

Auch überzeugte Christen stößt mit zunehmendem Alter manches ab, das Gott »verfügbar« machen will. Seien es bestimmte liturgische Lieder und Gottesdienstformen, bestimmte Gebete und Meditationen, bestimmte Andachten und Prozessionen, in denen Gott, unbewusst oder bewusst, zu irgendetwas bewegt werden soll – all das befremdet häufig auch Menschen, die gerne Christen sind.

Gott, der namenlos-ferne

Karl Rahner SJ (1904–1984), einer der größten Theologen des 20. Jahrhunderts, wird nicht müde, demgegenüber von Gott als dem »unverfügbaren«, dem »namenlosen«, »unergründlichen«, »schweigenden«, »fernen« Gott zu sprechen, der uns unbegreiflicherweise dennoch näher ist als wir uns selbst[1]. Immer wieder weist er darauf hin, dass Gott für uns nicht fassbar, nicht greifbar ist, dass alle Bilder, die wir uns von ihm machen (und sei es das weit verbreitete Bild vom gütigen Opa auf seinem himmlischen Thron), nur Bilder sind und bleiben. Und dass daher auch die Art und Weise nicht ein für alle Mal festgelegt ist, wie Menschen sich verhalten, wenn die Ahnung in ihnen hochsteigt, dass es einen Gott gibt; oder wie sie reagieren, wenn man sie auf Gott anspricht; oder ob und wie sie mit dem Gedanken an Gott ihr Leben gestalten.

Da wir Gott nicht fassen, nicht greifen können, ist es auch durchaus nachvollziehbar, dass manche Menschen die Existenz eines Gottes als »unbeweisbar« ablehnen. Aber genau das unterscheidet ja Gott von allem, was es sonst noch in der Welt und in unserem Leben gibt: Seine Existenz ist grundsätzlich nicht beweisbar, weil kein Bestandteil unserer Welt. Alles Beweisbare ist Bestandteil dieser Welt und kann daher nicht Gott sein.

Gott kann man nicht benutzen

Karl Rahner nennt das die »unverbrauchbare Transzendenz Gottes«, eine Formulierung, die nicht unbedingt das Herz erwärmt. Doch was er damit meint, ist bedenkenswert. In einem Rundfunkvortrag warnt er davor, Gott »zum Mittel unserer Zukunftssorge« zu machen oder zur Beschwichtigung unserer Lebensangst zu gebrauchen. Man müsse es »vielmehr fertigbringen, die Transzendenz Gottes unverbraucht (wenn man so sagen kann) sein zu lassen«, also Gott nicht zu benutzen, ihn nicht für etwas zu gebrauchen, seine Transzendenz (heißt: dass er jenseits der Grenzen dessen liegt, was wir wahrnehmen können) zu respektieren, statt sie für irgendetwas zu instrumentalisieren.

In diesem Zusammenhang spricht Rahner auch von der »unverbrauchbaren Transzendenz des Menschen« auf Gott hin: Wir Menschen sind, davon ist er überzeugt, auf eine unergründliche Weise auf Gott ausgerichtet. Und auch dieses unergründliche Ausgerichtetsein dürfen wir nicht instrumentalisieren, nicht für irgendetwas ausnützen oder gebrauchen. Wir sind auf Gott bezogen, aber nicht für irgendein »damit«, sondern wir *sind* es einfach. Wer jemals einen Menschen wirklich geliebt hat, weiß, dass man nicht liebt, damit man irgendeinen Nutzen davon hat, irgendein »damit«, sondern man liebt um der Liebe willen. Genauso ist es auch mit Gott, weshalb Rahner sagt: »Das Christentum gäbe sich selber auf, wenn es nicht mehr den

Mut hätte, von dieser seligen Nutzlosigkeit der Liebe zu Gott zu künden« – also einer Liebe zu Gott, die nicht auf Nutzen aus ist.

Diese Liebe zu Gott kann sich auf ganz unterschiedliche Weise ausdrücken, z.B. auch im Gebet. Was das im existentiellen Extrem- und Ernstfall heißen kann, sehen wir etwa bei dem Jesuiten Alfred Delp (1907–1945), der im Rückblick auf sechs Monate Kerkerhaft mit Folter und entwürdigenden Verhören, von den Nazi-Schergen zum Tod verurteilt und auf seine Hinrichtung wartend, schrieb: »Ich sitze oft da vor dem Herrn und schaue ihn nur fragend an. Auf jeden Fall muss ich mich innerlich gehörig loslassen und mich hergeben.«[2] Da sein – fragend schauen – schweigen – sich hergeben: Auch das ist Gebet, große oder viele Worte sind dafür nicht nötig. Selbstverständlich können auch vorformulierte Gebete uns in dieses Dasein vor Gott bringen, aber wem vorformulierte Gebete schwerfallen, darf wissen, dass sie nicht die einzige Art und Weise zu beten sind (siehe dazu auch in dieser Buchreihe Karl Rahner, »Warum Beten manchmal schwerfällt – und was daran gut ist«, Ostfildern 2020).

Die religiöse Anlage des Menschen
ist unzerstörbar

1954 nahm der Theologieprofessor Karl Rahner eine Einladung nach Köln wahr, wo er über die »Position des Christen in der modernen Welt« sprach. Gegen Ende seines Vortrags erwähnte er – wohlgemerkt schon vor 68 Jahren –, dass ein Rückgang der Volkskirche, in der am Ort jeder ein Christ ist und alle sonntags zur Kirche gehen, wie auch ein Rückgang der Mitgliedschaft in den großen christlichen Kirchen unausweichlich und zu erwarten ist, nicht weil die Menschen in Zukunft weniger religiös, sondern weil sie *anders* religiös sein werden. Aber, so Rahner, »die religiöse Anlage des Menschen ist unausrottbar[3] und auf die

Dauer auch nicht stillzulegen«, auch nicht durch noch so attraktive wirtschaftliche, soziale oder kulturelle Zukunftsträume (er nennt sie »Pseudoobjekte eines innerweltlichen Utopismus«). Deswegen ist er sicher: »Das Christentum hat – auch innerweltlich gesehen – seine Chance mehr denn je.« Aber eben, wie gesagt, anders, als wir es uns bisher vorstellen mit dem Bild gut besuchter Kirchen und Klöster und einer durch und durch christlich geprägten Gesellschaft vor Augen. »Das Christentum wird aus einem Nachwuchschristentum ein Wahlchristentum«, so Rahner, man wächst künftig nicht mehr automatisch in den Glauben hinein, sondern der Glaube wird ein Glaube »des stets persönlichen Neuerwerbs inmitten einer bedrohlichen Umgebung«.

Nichtsdestoweniger ist für Karl Rahner jeder Mensch von Natur aus gottfähig und gottbegabt, hat jeder Mensch eine »Antenne«, um Gott zu ahnen, zu erfahren. Diese Eigenschaft kann zwar im Alltagsbetrieb zugeschüttet werden von den tausend Ablenkungsmitteln, denen wir tagtäglich geradezu atemlos hinterherhecheln. Aber weil Menschen von Natur aus gottbegabt sind, bleiben sie auf der Suche nach diesem Gott, ob sie sich dessen bewusst sind oder nicht. Genau deshalb würde Gott ihnen fehlen. Augustinus (354–430), der große antike Philosoph und Theologe, sagt dasselbe mit anderen Worten: ›Zeit unseres Lebens ist unser Herz ruhelos, bis es es Ruhe findet in Gott.‹ Diese innere Unruhe, diese ungestillte Sehnsucht führen wir oft darauf zurück, dass uns irgendetwas Materielles fehlt oder dass uns bestimmte Menschen etwas schuldig bleiben, etwa dass wir zu wenig geliebt werden, aber in Wirklichkeit zielt diese Sehnsucht auf etwas ganz anderes: auf unseren Ursprung, auf Gott.

Kann man Gott erfahren?

Kann man erspüren, erleben, es an irgendetwas *erfahren*, dass wir »unzerstörbar«, ja geradezu »unausrottbar«, wie Rahner sagt, mit Gott verbunden sind? Können wir *erfahren*, dass zutrifft, wenn der Apostel Paulus sagt, in Gott »leben wir, bewegen wir uns und sind wir« (Apg 17, 28)?

Weiß der Tiefseefisch, dass er im Wasser lebt? Ist uns Menschen im Alltag bewusst, dass wir in Luft leben? Können wir diese Atemluft sehen, hören, fühlen? Was wir sehen, hören, fühlen können sind Dinge *in* dieser Luft wie Nebel, Wolken, Regen, Wind. Aber die Luft selbst? Und wenn uns schon die Atemluft nicht bewusst ist, wie ist es dann erst mit Gott? Wie soll man ihn erfahren, wenn er doch prinzipiell außerhalb dessen steht, was wir mit unseren Sinnen wahrnehmen können? Denn was immer unsere Sinne uns zeigen, ist ja Teil dieser Welt, sonst könnten wir es mit unseren Sinnen, die unsere Evolution genau dafür ausgebildet hat, nicht wahrnehmen. Ist es aber Teil dieser Welt, dann ist es nicht Gott. Wie also soll man Gott erfahren können?

Im Herbst 1969 ging Karl Rahner innerhalb von zwei Wochen in verschiedenen deutschen Städten gleichsam auf Tournee und hielt in Köln, Essen, Koblenz, Frankfurt a. M. und Berlin einen Vortrag mit dem Titel »Gotteserfahrung heute«. Er erspart darin seinen Zuhörern nicht »die Anstrengung des Begriffs«, wie er es nennt, und verwahrt sich gegen jede billige oder sich anbiedernde Art, von Gott wie von einem Kumpel zu sprechen. Dass man aber von Gott reden *muss*, dass man anreden muss gegen Atheismus und gegen skeptischen Positivismus, »der den Menschen schlechthin auf die naturwissenschaftlich zugänglichen Daten einengt«[4] – das war für ihn klar.

Und er zeigte auf, dass wir Erfahrungen machen können, die auf Gott *verweisen*. Dass wir in der Tat wahrnehmen können: Wir stehen in einem größeren Zusammenhang, als uns im normalen Alltag bewusst ist. Dass wir auf ganz unterschiedliche Weise erfahren können: Wir sind in ein unbegreifliches Geheimnis eingebettet, das größer ist als wir selbst und alles um uns herum. Solcherart

Gotteserfahrungen sind nicht nur möglich, sondern fast jeder macht sie, auch ohne sofort fromme Worte dafür zu verwenden. Sie sind nicht Erfahrungen der Vergangenheit, nicht nur bezeugt für Menschen in der Bibel oder eine Sache für Spezialisten, die die Tradition »Mystiker« nennt. Auch nicht »Opium des Volkes« (Karl Marx) bzw. »Opium für das Volk« (Wladimir Iljitsch Lenin). Es sind Erfahrungen im nüchternen Alltag auch des gewöhnlichsten Menschen, und Rahner zählt dafür eine ganze Reihe von Beispielen auf (hier im Buch in Kapitel 5).

Mit den Augen Jesu

Die einfachen Fischer in Galiläa haben nach ihrer ersten Begegnung mit Jesus erzählt: »Wir haben den Messias gefunden« (Joh 1,41). Die Begegnung mit Jesus ist die dichteste, uns Menschen mögliche Gotteserfahrung. Christsein bedeutet zu sagen: Ich habe gefunden! Und Christen nennen sich jene, die sich entschlossen haben, Gott mit den Augen des Jesus von Nazaret zu sehen, mehr noch, in Jesus selbst den Gesalbten (altgriechisch: *Christos*) zu sehen, der uns eine Vorstellung des unsichtbaren Gottes vermittelt, wie es der Kolosserbrief des Apostels Paulus formuliert (Kol 1, 15). »Den Mut«, diesen fernen, namenlosen, geheimnisvollen Gott sogar *anzureden*, »schöpft der christliche Mensch«, so Rahner, »offensichtlich aus seiner Verbundenheit mit Christus, aus seiner Teilnahme am Leben und am Tod des geschichtlichen Jesus«[5]. Mit Jesus dem Christus stehen wir Christen zusammen vor Gott, nennen ihn wie Jesus unseren »Vater im Himmel«, beten zu ihm mit den Worten Jesu, fühlen uns wie Jesus im Angesicht des Todes von Gott verlassen und verloren, und lassen uns dennoch wie Jesus vertrauensvoll in diesen Abgrund fallen, der nur deswegen leer und dunkel erscheint, weil unsere Sinne unfähig sind, Gott wahrzunehmen (siehe dazu auch in dieser Buchreihe Karl Rahner, »Jesus nachfolgen – anders als gedacht«, Ostfildern 2022).

»Ich möchte«, sagt Rahner, »ein Theologe sein, der sagt, dass Gott das Wichtigste ist, dass wir dazu da sind, in einer uns vergessenden Weise ihn zu lieben«; und »lieben« heißt hier nicht, auf rosa Wolken zu schweben, sondern Gott grundlos zu vertrauen und »aus unserem eigenen Daseinsbereich in den Abgrund der Unbegreiflichkeit Gottes zu springen«. Denn Gott ist nicht irgendein Einzelgegenstand in unserer Welt, sondern der Unbedingte, in den man sich »mit Jesus dem Gekreuzigten weggeben muss«[6].

Gott, der Unbedingte, in den man sich mit Jesus dem Gekreuzigten weggibt, heißt: dem man sich ganz und gar überlässt. Man kann sich den Satz angesichts aller Versuche, sich Gott durch Gebete oder Opferleistungen

»gnädig« zu stimmen – eine in allen Religionen zu findende Versuchung – nicht oft genug auf der Zunge zergehen lassen.

Früher, meinte Rahner in einem Interview im Umfeld seines 80. Geburtstages (1984), sei es so gewesen: »Man hoffte vielleicht auf einen Himmel, in dem es sehr viel Glück und Zufriedenheit gab – oder gibt, aber eigentlich doch nicht auf einen Himmel, in dem man mit einer ungeheuerlichen Lebendigkeit und Innerlichkeit sich sagte: Ich werde diesen absoluten, unendlichen, unbegreiflichen, geheimnisvollen, heiligen Gott von Angesicht zu Angesicht schauen, und er wird sich selber mit seiner eigensten Wirklichkeit uns mitteilen. Das ist doch die Substanz der Botschaft des Christentums«[7].

Aus dieser Substanz erwächst dann alles andere, wofür das Christentum steht, wie es z. B. der Schriftsteller Heinrich Böll (1917–1985) einmal formulierte: »Ich empfehle es der Nachdenklichkeit und der Vorstellungskraft der Zeitgenossen, sich eine Welt vorzustellen, auf der es Christus nicht gegeben hätte. Ich weiß, die Geschichte der Kirche ist voller Greuel: Mord, Unterdrückung, Terror wurden ausgeübt und vollzogen, aber es gab auch Franziskus, Vincent, Katharina. Selbst die allerschlechteste christliche Welt würde ich der besten heidnischen vorziehen, weil es in einer christlichen Welt Raum gibt für die, denen keine heidnische Welt je Raum gab: für Krüppel und Kranke, Alte und Schwache, und mehr noch als Raum gab es für sie Liebe, für die, die der heidnischen wie der gottlosen Welt nutzlos erschienen und erscheinen. Nein, die andere Vorstellung ist weit gespenstischer: Wie diese Welt aussähe, hätte sich die nackte Walze einer Geschichte ohne Christus über sie hinweggeschoben: Baal und Mammon, die aztekischen Götter. Ich überlasse es jedem einzelnen, sich den Alptraum einer heidnischen Welt vorzustellen oder einer Welt, in der Gottlosigkeit konsequent praktiziert würde«[8].

Doch das Christentum und der Glaube an Gott stehen nicht nur für die von Böll beschriebene Nächstenliebe (die schon kurz nach Jesu Tod sichtbar wurde, als die ersten Christen Waisenhäuser einrichteten, weil sie es nicht mitansehen konnten, dass im Römischen Reich Neugeborene, die dem Familienoberhaupt ungelegen kamen, völlig legal getötet oder ausgesetzt werden konnten)[9]. Sie stehen auch für unzählige kulturelle Werte, ob es sich um Architektur wie die jahrhundertealten Kathedralen handelt, um kunstvolle Gemälde, um geistliche Musik, die aufgrund ihrer Schönheit und spirituellen Tiefe weltweit jährlich immer wieder von neuem aufgeführt wird. – All das bereichert unsere Welt und kann auch nicht zurückgeworfen werden dadurch, dass es bis in unsere Tage hinein auch Menschen gibt, die den Glauben an Gott für ihre Zwecke grässlich missbrauchen. Alles Gute in dieser Welt kann man missbrauchen: Der Chirurg benutzt das Messer, um unser Leben zu erhalten, der

Mörder benutzt das Messer, um unser Leben zu beenden. Dass man das Gute missbrauchen kann, macht es nicht schlecht. Das gilt auch für den Glauben an Gott.

Karl Rahners Texte können unseren Glauben an Gott festigen und stärken. Sie zeigen auch, wie sinnvoll es ist, sich in diesem Glauben mit Jesus und den Menschen, die Jesu Gottesbild teilen, zu verbinden (und das heißt ja, zu einer Glaubensgemeinschaft zu gehören). Diese Stärkung des Glaubens an Gott wünschen die Herausgeber allen Leserinnen und Lesern von Herzen, eine Stärkung, die uns sagen lässt: »Ja, Gott würde mir fehlen, mehr, als sich in Worte fassen lässt.«

Andreas R. Batlogg SJ

Peter Suchla

1. Gott, der namenlos-ferne

(1) Ich weiß, dass dieses Wort [»Gott«] ein dunkles Wort ist. Ich weiß, dass, was damit gemeint ist, im Leben eines Menschen auch vorkommen kann, wenn die Vokabel selbst bei ihm nicht vorkommt. Ich weiß, dass heute das Gemeinte nur schwer realisiert werden kann unter der Vorstellung eines großen Weltbaumeisters (wie noch in der Zeit der Aufklärung). Ich weiß, dass mit diesem Wort ungeheuerlicher Unfug getrieben wurde, weil mit diesem Namen Grässliches und Törichtes genug gerechtfertigt wurde.

(2) Mich aber umfängt und durchdringt das ewige Geheimnis, das unendliche Geheimnis, das alles andere ist als die zusammengekratzten Restbestände des vorläufig noch nicht Gewussten und noch nicht Erfahrenen, das Geheimnis, das in seiner Unendlichkeit und Dichte zugleich äußerst und innerst den tausend zersplitterten Wirklichkeiten ist, die wir unsere Erfahrungswelt nennen. Dieses Geheimnis ist da, spricht sich aus, indem es schweigt; es lässt gelassen die reden, die erklären, von ihm zu reden bewirke nur sinnloses Geschwätz. Ich kann den Ärger und die Gereiztheit derer verstehen, die so reden. In dem Augenblick, in dem man dieses Geheimnis, das alles schweigend umfasst, nicht anbetend liebt, wird es einem zum Ärgernis. Es ist

da und lässt sich nicht einordnen. Es scheint nur zu schweigen und alle unsere eigenen Deutlichkeiten und Sicherheiten aufzuheben. Wenn man sich ihm nicht liebend ergibt, kann man es nur empört leugnen, wenn man sich dazu die Zeit nimmt, oder es verdrängen, indem man in die Geschäfte des Alltags flieht und diesen im letzten doch mehr Gewicht zuerkennt als sie, die flüchtigen und sterbenden, von sich aus wirklich hergeben.

Dieses Geheimnis, das aller Einzelwirklichkeit Grund und aller Erkenntnis und Freiheit Raum und Horizont gewährt, nenne ich Gott. Es muss nicht noch umständlich bewiesen werden, wenn es auch allen Beweisenden nachdenkenswürdig ist, dass wir es insgeheim schon immer vorausgesetzt und mitgenannt haben, wenn wir auf den Märkten des Alltags oder in den Hörsälen der Universitäten über abertausend Dinge zu reden beginnen. Wenn ich innehalte und schweige, all die vielen einzelnen Wirklichkeiten meines Lebens in ihren einen Grund zurücktreten lasse, alle einzelnen Fragen zu der Frage werden lasse, die durch alle Einzelfragen zusammen nicht mehr beantwortet werden kann, sondern aus ihr selbst das unendliche Geheimnis hervortreten lässt, dann ist das Geheimnis da, und es beunruhigt mich im letzten nicht mehr, was eine rationalistische Wissenschaft dazu skeptisch meint sagen zu können. […] Die traditionellen »Gottesbeweise« werden von mir nicht verachtet, aber ich lese sie als zwar sinnvolle und notwendige, aber doch sekundäre Auslegungen und Verbalisierungen jener Erfahrung, in der ich schweigend vor das unendliche Geheimnis gerate.

Die ungeheuere, alles in einem erzittern machende Erfahrung ist die: Ich kann auf dieses alles umfassende, alles tragende und durchdringende, alles distanzierende und doch für sich einnehmende Geheimnis zugehen, ich kann es anreden, ich kann beten. Ich weiß, wenn solcher betender Zugang geschieht, ist dies nochmals die Tat dieses Geheimnisses; aber eben sie macht, dass ich vor diesem Geheimnis bin, von ihm verschieden, in meine eigene Wirklichkeit hineingestellt, so dass ich, wenn ich auf es zugehe, nicht vergehe, sondern gerade dieses unendlichen Geheimnisses teilhaftig werde. Ich erfahre (in dem, was wir

Christen Gnade nennen), dass dieses Geheimnis, um es selber zu sein, nicht nötig hat, mich bloß in unendlicher Ferne von sich zu distanzieren, dass es vielmehr sich selber gibt als unsere Erfüllung. Es ist dem Christen verboten (einziges Verbot, das ganz ernst genommen werden muss), sich mit weniger als der unendlichen Fülle Gottes zu begnügen, sich im Endlichen endgültig glücklich anzusiedeln oder in seiner Enge zu ersticken, frevelhaft bescheiden zu meinen, Gott könne im Ernst diese durch tausend Bedingtheiten endliche Kreatur nicht ernst nehmen. Die Welt hat nicht nur im Menschen begonnen, zu sich selber zu kommen (meinetwegen auch noch anderswo), sondern Gott hat schon begonnen, zum Menschen zu kommen und der Mensch zu Gott.

Es mag künftig noch tausend evolutive Aufgipfelungen, qualitative Sprünge usw. geben, die noch nicht sind, die noch kommen werden. Aber die unendliche, nicht überbietbare Selbstzusage Gottes an den Menschen ist da, durchdringt alles, ist die innerste Entelechie [Entwicklungskraft] und Dynamik der Welt [...], ist als geheime Kraft in der ganzen Freiheitsgeschichte der Menschheit gegeben, wo immer diese sich in tausend Gestalten zum unumfassbaren Geheimnis Gottes bekennt. Sie ist erst recht wirksam in der ganzen Länge und Breite der Religionsgeschichte [...], weil darin doch immer auch der Geist Gottes in der göttlichen Selbstmitteilung am Werk ist und den Menschen immer wieder mit einer letzten Ehrfurcht und einer bedingungslosen Hingabe an das unendliche Geheimnis seines Lebens erfüllt.

(3) Ich sage weiter zu mir: Du nimmst gelassen und in ruhiger Hoffnung das unbegreifliche Geheimnis an; was könnte dabei eigentlich fehlgehen? Was könnte ich denn anderes wählen, was nicht schon längst durch dieses Geheimnis umfasst wäre? Ich sage mir: Du wirst sterben, und dein Tod wird deine ganze Existenz und auch die Theorie, die du darüber machst, treffen; ist es da nicht einzig sinnvoll, mit Jesus in seinen Tod hineinzusterben (und daraufhin jetzt mit ihm zu leben)? Ich sage mir dann: Ist das zusammen nicht eigentlich schon das Christentum?

2. Gott kann man nicht benutzen

(1) [Christsein vollzieht sich unter der] absolut unersetzlichen Bedingung, dass wir zuerst und zuletzt diesen Gott nicht zum Mittel unserer Zukunftssorge und zum Analgetikum [Betäubungsmittel] unserer Lebensangst machen, sondern es durch Gottes Gnade vielmehr fertigbringen, die Transzendenz Gottes unverbraucht (wenn man so sagen kann) sein zu lassen.

(2) Um zu verstehen, was [damit] gemeint ist, [brauchen wir] nur auf die zwischenmensch-

liche Liebe zu reflektieren. Wenn sie nicht Egoismus zu zweit sein soll, muss die Liebe des einen wirklich den anderen meinen, wirklich ihn an sich und in sich selbst, nicht aber seine Bedeutung für den Liebenden selbst, nicht die Beglückung, die er dem Liebenden schenkt, nicht die Geborgenheit, die er gewährt, sondern ihn wirklich selbst, so wie er in seiner Einmaligkeit und Uneinnehmbarkeit und Unvernutzbarkeit für sich selbst sinnvoll, gut und schön ist. Nicht, als ob nicht erwartet werden dürfte, erhofft würde, dass der geliebte Andere sich einem mitteilen würde, der ihm geschenkten Liebe entgegenkommen würde, Verstehen, Geborgenheit und alles andere schenken würde, was in gegenseitiger Liebe erblüht. Wenn aber in der

Liebe letztlich und insgeheim das eigene Glück gesucht und der Geliebte nicht um seinetwillen geliebt würde, wenn der Dank der Liebe von der anderen Seite nicht als das uneinklagbare Wunder entgegengenommen würde, sondern insgeheim und uneingestanden das wäre, was man mit seiner Liebe eigentlich erreichen will, dann hätte diese Liebe ihr wahres Wesen schon verloren, wäre Egoismus geworden, so beglückend dieser auch noch empfunden würde.

Wahre Liebe geht von sich weg, um nicht mehr zu sich zurückzukehren, [... so dass der Mensch] sein eigenes wahres Wesen nur findet, indem er liebt, nur dann in seiner Wahrheit bei sich selber ist, wenn er sich liebend vergisst, nur in sein wirkliches Wesen einkehrt, indem ihm das Wunder einer Auskehr gelingt, die keine Rückkehr mehr kennt. Diese Paradoxie ist das wahre Wesen des Menschen. Er nimmt ein, indem er loslässt, er gewinnt Stand, indem er den Fall nicht scheut; seine Beglücktheit wird nur erreicht, indem er etwas anderes als sie sucht und findet; die Selbstlosigkeit ist der einzige Weg zur Selbstwerdung […].

Das Christentum weiß und sagt ausdrücklich, dass diese Liebe zu Gott, in der der Mensch sich selber verlieren muss, nur möglich ist, indem die Liebe Gottes dem Menschen entgegenkommt und von dessen innerster Mitte her sich selber als die Kraft *der* Liebe anbietet, in der der Mensch den Mut hat, sich selber loszulassen, sich aufzugeben als die einzige wirkliche Selbstverständlichkeit, sich fallenzulassen, das Geheimnis als das wahre Licht, das alles aufklärt, gelten zu lassen, zu wissen, dass der Tod das Tor zum Leben ist und die Liebe, die nicht sich, sondern den geliebten Gott als solchen sucht, das wahre Leben und die Ewigkeit bedeutet.

Natürlich scheint der Mensch dadurch überfordert zu sein. [...] Aber das Christentum hat im Lauf seiner Geschichte mit Recht immer mehr verstanden, dass diese allein heilschaffende, unbegreifliche, den Menschen überfordernde Liebe doch in viel verschiedeneren Gestalten und auf scheinbar völlig unfruchtbarem Boden geheimnisvoll und wie unsichtbar aufwachsen kann, als das Christentum es sich selbst zu Beginn denken konnte. Diese Liebe kann Treue zum eigenen Gewissen sein, kann letzte einsame und unbelohnte Verantwortung für andere sein, kann vielleicht jene eben im letzten doch still und unbedingt hoffende Gelassenheit bedeuten, in der einer im Sterben sich eben doch von einer unbegreiflichen Verfügung nehmen lässt und diese als bergend annimmt.

Das Geheimnis der heilschaffenden Liebe, die uns in das bergende Geheimnis Gottes wegträgt, uns von uns selber befreit, um uns frei zu machen, kann unerwartete Gestalten annehmen und uns so hoffen lassen, dass mehr Liebe in der Welt am Werk ist als wir zunächst von unserer eigenen Empirie [Erfahrung] zu denken wagen, zumal diese Empirie selbst nochmals durch unseren eigenen

Egoismus verdunkelt und verzerrt sein kann, wenn sie meint, es begegne ihr keine wahre Liebe [...], und darum weiß das Christentum letztlich auf die schreckliche Frage, wie der Mensch in seinem Gefängnis des Egoismus in die rettende Freiheit hinausgelangen könne, nur die Antwort, dass Gott größer ist als unser Herz, dass seine Verheißung des siegreichen Kommens seines Reiches uns verheißen hat, dass seine Liebe in ihrer unbegreiflichen Entäußerung auch das Wunder *unserer* Liebe zu ihm zu vollbringen vermag. [...]

Das Christentum gäbe sich selber auf, wenn es nicht mehr den Mut hätte, von dieser seligen Nutzlosigkeit der Liebe zu Gott zu künden [..., die dann gegeben ist], wenn in ihr der Mensch nicht Gott in seinen eigenen Dienst stellen will [..., sondern Gott um seiner selbst willen liebt].

Diese Liebe zu Gott um seiner selbst willen, die natürlich immer auch den Glauben an die sich offenbarende Selbstmitteilung Gottes und die Hoffnung auf die Vollendung dieser Selbstmitteilung Gottes einschließt, die unverbrauchbare Transzendenz des Menschen auf Gott ohne Rückkehr, bedeutet Freiheit und das, was die Schrift Trost zu nennen pflegt. Freiheit: »Ich bin gewiss«, sagt Paulus (Röm 8,38 [hier wiedergegeben nach der aktuellen Einheitsübersetzung]): »Weder Tod noch Leben, weder Engel noch Mächte, weder Gegenwärtiges noch Zukünftiges noch Gewalten, weder Höhe oder Tiefe noch irgendeine andere Kreatur können uns scheiden von der Liebe Gottes, die in Christus Jesus ist, unserem Herrn.«

Wenn diese Liebe da ist, dann ist dieser Satz des Apostels eigentlich selbstverständlich. Man ist in dieser Liebe durchgebrochen durch die unabsehbare Vielfalt und Bewegtheit der Mächte, die unser Leben tragen, bestimmen und bedrohen. Keine dieser Mächte und Gewalten, die in ihrer Unverfügbarkeit und Unvorhersehbarkeit unsere Existenz bedrohen, ist mehr das erste und letzte in unserem Leben; in dieser Liebe sind wir uns selber genommen, geborgen in dem unendlichen Gott ewiger Fülle und Sicherheit, in der Unendlichkeit ohne Namen, die nicht die Summe der uns unmittelbar begegnenden

Wirklichkeiten ist. Wir sind frei, weil nichts mehr ist, das wir absolut setzen, weil weder ein Zukunftsoptimismus noch ein Zukunftspessimismus absolut gesetzt werden muss. […] Die Liebe macht glücklich; aber nur, wenn sie nicht ihr eigenes Glück sucht. Gott ist unser letzter Sinn, aber nur, wenn er selber um seiner selbst willen gesucht wird […].

Wenn wir nüchtern und unbefangen in unsere Gegenwartsgeschichte hineinschauen, dann begegnen wir in der Theorie und in der Praxis einer entsetzlichen Verabsolutierung partikulärer [einzelner] Wirklichkeiten und Möglichkeiten, auch wenn dies nun hier nicht auch noch im einzelnen dargelegt werden kann. Aus dieser schrecklichen Tendenz, einzelne endliche Wirklichkeiten und Werte absolut zu setzen, zu vergöttlichen, zu vergötzen, [...] erwachsen dann Fanatismus der Weltanschauungen, die entsetzliche Intoleranz der gesellschaftlichen Systeme, die tobende Lautstärke der Propaganda, die arrogante und entsetzlich dumme Schwarz-Weiß-Malerei in der Politik und so fort.

Wo der Mensch keinen Gott hat, in dessen Unbegreiflichkeit er sich willig hineinfallen lassen kann, gerät er unter die Herrschaft partikulärer Götzen, in denen die rationale Kalkulation, die Technik, der Stolz, alles machen zu können, das perfekte Funktionieren eines Systems, der Sexus, die Macht und so fort absolut gesetzt monoman zum einzigen Ausgangspunkt und zum je einzigen Richtmaß des Handelns und des Lebens gemacht werden. Wenn einer es nicht fertigbringt, nicht fertigbringen will, Gott um seiner selbst willen zu lieben, so, dass man scheinbar davon gar nichts hat, der muss eine partikuläre Wirklichkeit notwendig als einzelne verabsolutieren und zum letzten Richtmaß machen, muss ein Pantheon [Götterhimmel] mit einem obersten Gott konstruieren, weil er sonst in der Vielfalt der Wirklichkeiten und Möglichkeiten, die sein Gott werden wollen, überhaupt richtungslos sich verwirren würde. [...]

Man darf nichts einzelnes absolut setzen, auch sich selber nicht; man soll alles wichtig nehmen und doch nichts so ganz wichtig nehmen; man soll nicht meinen, alles zu wissen und alles beherrschen zu können; man muss sich loslassen können ohne vorausgehend nachgeprüfte Garantie, dass man ankommt, und eben dies dennoch – man möchte fast sagen: kindlich einfältig – hoffen; man muss in die weglose Unbegreiflichkeit hinauswandern ohne Furcht, sich zu verlaufen; man muss wirklich von sich wegkommen.

Wenn man dies tut, immer aufs neue versucht, immer neu daran glaubt, dass das, was man sich so in einer unbegreiflichen Überforderung abverlangt, einem doch gegeben werde, dann liebt man Gott, dann erst versteht man, was mit diesem Wort überhaupt gemeint ist, dann fallen die Götzenbilder am Weg unseres Lebens, auch die Götzen, zu denen wir [eine] legitime Zukunftsplanung und [eine] nur zu verständliche Zukunftsangst gemacht haben. Wir wissen dann, dass wir in unserer eigenen Existenz und im Schicksal der Menschheit, ob durch Leben oder Tod, in die Hände des Gottes fallen, der alles in einem ist, den man namenlos lassen muss und von dem man doch sagen darf, dass er das ewige Licht, das ewige Leben, die unaussprechliche Herrlichkeit, der Friede ohne Ende für uns ist, weil er uns gegeben hat, uns selbst zu vergessen und für ihn zu sein.

3. Die religiöse Anlage des Menschen ist unzerstörbar

Ein offensives Apostolat [den Glauben verbreiten wollen wie die Apostel], das sich nicht im verzweifelten Versuch erschöpft, zu retten, was nicht zu retten ist, nämlich die Kirche *als* identisch mit allen Menschen dieser Gegend, braucht keine Angst zu haben, auf die Dauer erfolglos zu sein. Der Anschein einer Atrophie [Schwund] der religiösen Anlage ist eine Übergangserscheinung, die bei dem ungeheuerlichen Umbruch, in dem wir stehen, für den der Industrialismus der letzten hundert Jahre nur der Anfang war, durchaus – in concreto – unvermeidlich und zu erwarten war. Der stillschweigend selbstverständliche und ruhige oder auch – teils durch unsere eigene Schuld – heute noch *gereizte* Antiklerikalismus [Hass auf die Kirche und ihre Amtsträger] wird im Ganzen in sich selbst zusammenfallen, wenn überall deutlich wird, dass die Kirche nichts will als den Glauben an Gott, die Liebe zu ihm, und zwar so, dass das dem ungezwungenen Entschluss des Herzens entspringt und durch nichts anderes erzwungen werden soll. Die religiöse Anlage des Menschen ist unausrottbar und auf die Dauer auch nicht stillzulegen durch Pseudoobjekte eines innerweltlichen Utopismus [Neigung zu Zukunftsträumen] wirtschaftlicher, sozialer oder kultureller Art. Das Christentum hat – auch innerweltlich gesehen – seine Chance mehr denn je. Und wer daran zweifelte – ich meine an der innerweltlichen Erkennbarkeit dieser Chance –, nun, der ist ja gerade dann als Christ ein Hoffender gegen alle Hoffnung, wenn er weiß, dass Gott siegt, wenn wir verloren zu sein scheinen.

4. Vom Traditions- zum Wahlchristentum

(1) Der oft beklagte Schwund an Christlichkeit und Glaube ist keine Tat und Wirkung von finsteren Mächten, er ist zunächst kein Schwund an wirklich absolut notwendigem und heilschaffendem Glauben (ob und wieweit ein solcher gegeben ist, können wir gar nicht wissen), sondern ein Schwund der Voraussetzungen jener ganz bestimmten, mit dem Wesen des Glaubens und Christentums gar nicht identischen Art von Glaube und Christentum, die mit jenen gesellschaftlichen Verhältnissen gegeben war, die heute

nun einmal untergehen und vom christlichen Glauben gar nicht als bleibend postuliert [gefordert] werden können, weil sie gar nicht die notwendige Voraussetzung eines wahren und kirchlichen Christentums sind.

(2) Die künftige Religionsgeschichte und damit auch die Kirchengeschichte mögen noch ganz unvorstellbare Gestalten der Religion hervorbringen; es ist schwer zu sagen, wie der Platz aussehen wird, den ein verbalisiertes und institutionalisiertes Verhältnis des Menschen zum ewigen Geheimnis einnehmen wird. Aber solange der Mensch der Mensch des unendlichen Geheimnisses Gottes ist, wird auch Religion sein, die in irgendeiner Weise auf den Märkten des Alltags bezeugt

werden wird. Ob die Zahl der Menschen, die ihre Religiosität gesellschaftlich institutionalisiert leben werden, im Verhältnis zur Gesamtheit der Menschen größer oder kleiner werden wird, das ist eine Frage, auf die ich keine Antwort habe.

(3) Das Christentum wird aus einem Nachwuchschristentum ein Wahlchristentum. Selbstverständlich werden Christen auch über das bleibend Institutionelle der Kirche selbst hinaus immer wieder Institutionelles bilden: Sie werden ihren Kindern zu vererben suchen, sie werden christliche Sitte und Sitten, Gebräuche und Übungen, Vergesellschaftungen und Einrichtungen entwickeln und verteidigen. Aber im Ganzen wird doch

die Situation die eines Wahl-, nicht eines Nachwuchschristentums bleiben, die Situation des stets persönlichen Neuerwerbs inmitten einer bedrohlichen Umgebung.

5. Lässt sich Gott erfahren?

(1) [Gotteserfahrung] ist davon *unabhängig*, ob man das, worauf sie bezogen ist, Gott nennt oder nicht [...], ist nicht eine nachträgliche, emotionale Reaktion auf eine theoretische, von außen her indoktrinierte [= eingehämmerte] Lehre von der Existenz und dem Wesen Gottes, sondern geht einer solchen Lehre voraus, trägt diese und macht sie erst verständlich. Diese Gotteserfahrung ist nicht das Privileg einzelner »Mystiker«, sondern in jedem Menschen gegeben, wenn auch Kraft und Deutlichkeit der Reflexion auf sie

sehr verschieden sind. [... Gotteserfahrung ist] die letzte Tiefe und Radikalität *jeder* geistig-personalen Erfahrung (der Liebe, Treue, Hoffnung und so fort). [...]

[Man kann allerdings] auf diese Erfahrung nur *hinweisen*, den anderen aufmerksam zu machen suchen, dass er in sich selbst das entdecke, was man nur findet, wenn und weil man es schon besitzt; man kann es aber haben und in sich entdecken, auch wenn man es noch nie *Gottes*erfahrung genannt hat. [...] So, wenn man plötzlich die Erfahrung personaler Liebe und Begegnung macht, plötzlich selig erschreckt merkt, wie man in Liebe absolut, bedingungslos angenommen wird, obwohl man für sich allein in seiner Endlichkeit und Brüchigkeit dieser Bedingungslosigkeit der Liebe von der anderen Seite gar keinen Grund und keine zureichende Begründung geben kann, wie man selbst ebenso liebt, in unbegreiflicher Kühnheit die gewusste Fragwürdigkeit des anderen überspringend, wie diese Liebe in ihrer Absolutheit einem Grund vertraut, der ihr selbst nicht mehr untertan ist, [oder auch] wenn der Tod schweigend einen anblickt, der alles in sein Nichtigkeit fallen lässt und so gerade, wenn er nur willig angenommen wird – so und nur so – nicht tötet, sondern selbst verwandelt, befreit in die Freiheit, die sich auf nichts mehr beruft und stützt, so aber unbedingt wird […].

Man müsste so von der Freude, der Treue, der letzten Angst, der Sehnsucht, die alles einzelne überfordert, von der Erschütterung über die Unerbittlichkeit der Wahrheit sprechen, […] vom Frieden der Gelassenheit […] von der Erfahrung des Schönen […] von der Erfahrung der unendlichen Offenheit der Zukunft. […] So könnte man noch lange fortfahren, und man müsste noch viel konkreter werden, konkret nicht in einem Sich-Verlieren in die Einzelheiten der äußeren Welt, sondern in jener einfachen Dichte letzter und doch überall im Alltag gegebener Erfahrung, in dem der Mensch immer, mit den Sandkörnern des Meeres beschäftigt, am Rand des unendlichen Meeres des Geheimnisses wohnt […]. Diese Erfahrung ist keine bloße Stimmung, keine unverbindliche Sache des Gefühls und der Poesie […]. Man kann sie verdrängen, aber sie bleibt und sie bricht in den entscheidenden Stunden auch wieder unwiderstehlich ins Bewusstsein vor.

[Weitere Beispiele für solche auf Gott verweisenden Erfahrungen sind:]

(2) Da ist einer, dem geschieht, dass er verzeihen kann, obwohl er keinen Lohn dafür erhält und man das schweigende Verzeihen von der anderen Seite als selbstverständlich annimmt.

Da ist einer, der Gott zu lieben versucht, obwohl aus dessen schweigender Unbegreiflichkeit keine Antwort der Liebe entgegenzukommen scheint, obwohl keine Welle einer gefühlvollen Begeisterung ihn mehr trägt, obwohl er sich und seinen Lebensdrang nicht mehr mit Gott verwechseln kann, obwohl er meint zu sterben an solcher Liebe, weil sie ihm erscheint wie der Tod und die absolute Verneinung, weil man mit solcher Liebe scheinbar ins Leere und gänzlich Unerhörte zu rufen scheint, weil diese Liebe wie ein entsetzlicher Sprung ins Bodenlose aussieht, weil alles ungreifbar und scheinbar sinnlos zu werden scheint.

Da ist einer, der seine Pflicht tut, wo man sie scheinbar nur tun kann mit dem verbrennenden Gefühl, sich wirklich selbst zu verleugnen und auszustreichen, wo man sie scheinbar nur tun kann, indem man eine entsetzliche Dummheit tut, die einem niemand dankt.

Da ist einer, der einmal wirklich gut ist zu einem Menschen, von dem kein Echo des

Verständnisses und der Dankbarkeit zurückkommt, wobei der Gute auch nicht einmal durch das Gefühl belohnt wird, »selbstlos«, anständig und so weiter gewesen zu sein.

Da ist einer, der schweigt, obwohl er sich verteidigen könnte, obwohl er ungerecht behandelt wird, der schweigt, ohne sein Schweigen als Souveränität seiner Unantastbarkeit zu genießen.

Da ist einer, der sich rein aus dem innersten Spruch seines Gewissens heraus zu etwas entschieden hat, da, wo man solche Entscheidung niemandem mehr klarmachen kann, wo man ganz einsam ist und weiß, dass man eine Entscheidung fällt, die niemand einem abnimmt, die man für immer und ewig zu verantworten hat.

Da gehorcht einer, nicht weil er muss und sonst Unannehmlichkeiten hat, sondern bloß wegen jenes Geheimnisvollen, Schweigenden, Unfassbaren, das wir Gott und seinen Willen nennen.

Da ist einer, der verzichtet, ohne Dank, Anerkennung, selbst ohne ein Gefühl innerer Befriedigung.

Da ist einer, der restlos einsam ist, dem alle farbigen Konturen seines Lebens verblassen, für den alle verlässlichen Greifbarkeiten zurückweichen in unendliche Fernen, der aber dieser Einsamkeit, die wie der letzte Augenblick vor dem Ertrinken erfahren wird, nicht davonläuft, sondern sie in einer letzten Hoffnung gelassen aushält. [...]

Da ist einer, der merkt plötzlich, wie das kleine Rinnsal seines Lebens sich durch die Wüste der Banalität des Daseins schlängelt, scheinbar ohne Ziel und mit der herzbeklemmenden Angst, gänzlich zu versickern. Und doch hofft er, er weiß nicht wie, dass dieses Rinnsal die unendliche Weite des Meeres findet, auch wenn es ihm noch verdeckt ist durch die grauen Dünen, die sich vor ihm scheinbar unendlich auszubreiten scheinen.

So könnte man noch lange fortfahren und hätte vielleicht dann dennoch gerade jene Erfahrung nicht beschworen, die diesem und jenem bestimmten Menschen in seinem Leben die Erfahrung des [göttlichen] Geistes, der Freiheit und der Gnade ist. Denn jeder Mensch macht sie je nach der eigenen geschichtlichen und individuellen Situation seines je einmaligen Lebens. Jeder Mensch! Nur muss er sie vorlassen, gleichsam ausgraben unter dem Schutt des Alltagsbetriebs.

(3) Bevor die Kirche so furchtbar viele moralische Lehren einschärft, die durchaus richtig und sinnvoll sein können, müsste sie sich viel mehr, lebendiger, anstrengen, diese ursprünglichste Gotteserfahrung einem Menschen nahezubringen. Der Mensch müsste merken, dass er ja im Grunde genommen in diesem ungeheuren Geheimnis nächster Nähe und unbegreiflicher Unbegreiflichkeit lebt und schwimmt und mit diesem Gott zu tun hat und dass dieser absolute Gott sich selber den Menschen in absoluter Unmittelbar-

keit – natürlich durch Gnade und Tod hindurch – mitteilen will. Und das ist doch etwas, was so ein durchschnittlicher Christ nicht recht begreift. Er meint, es gibt einen »lieben Gott«, und wir müssten uns anständig aufführen, dann lässt er uns in Frieden und in Glück leben, und nach dem Tod rutschen wir dann in ein Paradies, beinahe so, wie sich die Moslems ein solches auch vorstellen. Das ist doch nicht die eigentliche, wahre Substanz und Mitte des Christentums! Dass ich durch Jesus Christus hindurch berufen bin, die absolute Selbstmitteilung des absoluten Gottes entgegenzunehmen, das ist die wahre Wirklichkeit des Christentums.

6. Mit den Augen Jesu

Da ist Jesus, ein Mensch, der liebt, der getreu ist bis in den Tod, bei dem das ganze Menschsein, das Leben, das Reden, das Handeln offen ist auf das Geheimnis hin, das er seinen Vater nennt, dem er sich auch dann noch vertrauend übergibt, wenn alles scheitert. Für ihn ist der unauslotbare finstere Abgrund seines Lebens die bergende Hand des Vaters. Und so hält er an der Liebe zu den Menschen auch noch fest und an der Hoffnung schlechthin, wo alles im Tod unterzugehen scheint. Er war dabei überzeugt, dass mit ihm, seinem Wort und seiner Person die Nähe des »Reiches Gottes« gegeben sei, d.h., dass Gott selbst […] sich unmittelbar in Liebe und Vergebung siegreich dem Menschen zusage […].

Seine Jünger, die seine Katastrophe am Karfreitag ohne Illusionen miterlebten, fanden in sich die Erfahrung als von ihm selbst her geschenkte, dass dieses Leben nicht untergegangen ist, dass der Tod in Wahrheit sein *Sieg* ist, dass er der vom Geheimnis Gottes bergend Angenommene ist, dass er »auferstanden« ist, wobei natürlich Auferstehung nicht eine Rückkehr in diese raumzeitlich und biologisch verfasste Wirklichkeit, die unsere Last ist, sondern das endgültige Gerettetsein des ganzen Menschen (»mit Leib und Seele«) in Gott ist. Weil diese Auferstehung das Aufgenommensein durch jenes Geheimnis ist, das unbegreiflich Gott genannt wird, darum ist es in seinem »Wie« nicht mehr vorstellbar. [...]

Man braucht sich nur auf diesen konkreten Menschen liebend und unbedingt einlassen. Dann hat man alles. Freilich muss man mit ihm zusammen sterben. Aber diesem Schicksal entrinnt keiner. Warum also nicht mit ihm, indem man in einem mit ihm sagt: mein Gott, warum hast Du mich verlassen, und: in Deine Hände befehle ich meinen Geist? [...]

Ich schaue auf Jesus, den Gekreuzigten, und weiß, es wird mir nichts erspart. Ich gebe mich (ich hoffe es) in seinen Tod und hoffe so, dass der gemeinsame Tod der Aufgang des seligen Geheimnisses ist. In dieser Hoffnung aber tritt auch in aller Finsternis das Leben in seiner Schönheit hervor und alles wird Verheißung. Ich finde, Christsein ist die einfachste Aufgabe, die ganz einfache und darum so schwere leichte Last, wie im Evangelium steht. Wenn man sie trägt, trägt sie einen. Je länger man lebt, umso schwerer und leichter wird sie.

Zu den Textquellen

Alle Gliederungstitel sowie der Buchtitel stammen von den beiden Herausgebern, nicht von Karl Rahner selbst.

Wo aus Gründen der Übersichtlichkeit Stellen gekürzt wurden, ist dies durch [...] markiert. In eckigen Klammern stehende Wörter innerhalb der Rahner-Texte sind erklärende Einfügungen der Herausgeber.

Zur besseren Lesbarkeit wurden zuweilen längere Textpassagen Rahners in Absätze unterteilt.

Ziffern in runden Klammern (1), (2), (3) am Anfang einzelner Rahner-Textabschnitte stehen nicht im Original, sondern dienen der Zuordnung zu den im folgenden aufgeführten Quellen.

1. *Gott, der namenlos-ferne*
(1) Ein Absatz aus dem Beitrag »Warum bin ich heute ein Christ?«, der seit der Erstveröffentlichung in Meyers Enzyklopädischem Lexikon, Bd. 5 (1972), in mehreren Rahner-Veröffentlichungen, teils überarbeitet, nachgedruckt wurde. – Unser Abdruck erfolgt aus der »Fassung letzter Hand« in: Karl Rahner, Sämtliche Werke, Bd. 26: Grundkurs des Glaubens. Studien zum Begriff des Christentums. Bearbeitet von Nikolaus Schwerdtfeger und Albert Raffelt. Freiburg 1999, S. 489–497, hier 490.

(2) Aus dem Aufsatz »Vom Mut zum kirchlichen Christentum«, der erstmals 1979 in einem Sammelband von Walter Jens abgedruckt und in Rahners »Schriften zur Theologie«, Band 14 (1980), nachgedruckt wurde. – Unser Abdruck aus: Karl Rahner, Sämtliche Werke, Bd. 29: Geistliche Schriften. Späte Beiträge zur Praxis des Glaubens. Bearbeitet von Herbert Vorgrimler. Freiburg i. Br. 2007, S. 3–11, hier 3 f.

(3) Entstammt dem Schlussteil desselben Beitrags, S. 11.

2. *Gott kann man nicht benutzen*

(1) Aus dem späten Text Rahners »Taufe und Tauferneuerung« von 1982, der zuerst in einer Wiener Jesuitenzeitschrift erschien und

dann in Band 16 seiner »Schriften zur Theologie (1984) aufgenommen wurde. – Unser Abdruck aus: Karl Rahner, Sämtliche Werke, Bd. 29, S. 405–413, hier 405.

(2) Aus »Die unverbrauchbare Transzendenz Gottes und unsere Sorge um die Zukunft«, der 1979 in zwei verschiedenen Sammelbänden erschienen ist und dann in Band 14 der »Schriften zur Theologie« (1980) Aufnahme fand. – Unser Abdruck aus: Karl Rahner, Sämtliche Werke, Bd. 29, S. 67–78, hier 69–78.

3. *Die religiöse Anlage des Menschen ist unzerstörbar*

Aus dem Vortrag »Theologische Deutung der Position des Christen in der modernen

Welt«, erstmals publiziert 1954, dann in »Sendung und Gnade. Beiträge zur Pastoraltheologie« (1959) aufgenommen und wiederholt neu aufgelegt. – Unser Abdruck aus: Karl Rahner, Sämtliche Werke, Bd. 10: Kirche in den Herausforderungen der Zeit. Studien zur Ekklesiologie und zur kirchlichen Existenz. Bearbeitet von Josef Heislbetz und Albert Raffelt. Freiburg i. Br. 2003, S. 251–273, hier 272 f.

4. *Vom Traditions- zum Wahlchristentum*
(1) Entstammt der 1972 erstmals erschienen Rahner-Schrift »Strukturwandel der Kirche als Aufgabe und Chance«, die vielfach neu aufgelegt und auch in Auszügen (etwa in dem Lesebuch »Praxis der Kirche«) veröffentlicht

wurde. – Unser Abdruck aus: Karl Rahner, Sämtliche Werke, Bd. 24/2: Das Konzil in der Ortskirche. Studien zu Struktur und gesellschaftlichem Auftrag der Kirche. Bearbeitet von Albert Raffelt und Ulrich Ruh. Freiburg i. Br. 2011, S. 490–579, hier 501.

(2) Aus dem in Abschnitt 1 (Gott, der namenlos-ferne) verwendeten Beitrag »Vom Mut zum kirchlichen Christentum«, S. 6.

(3) Aus dem in Abschnitt 3 (Die religiöse Anlage des Menschen ist unzerstörbar) verwendeten Beitrag »Theologische Deutung der Position ...«, S. 264.

5. *Lässt sich Gott erfahren?*

(1) Aus dem Vortrag »Gotteserfahrung heute«, der 1970 erstmals veröffentlicht und

oft nachgedruckt und in Band 9 der »Schriften zur Theologie« (1970) aufgenommen wurde. – Unser Abdruck aus: Karl Rahner, Sämtliche Werke, Bd. 23: Glaube im Alltag. Schriften zur Spiritualität und zum christlichen Lebensvollzug. Bearbeitet von Albert Raffelt. Freiburg i. Br. 2006, S. 138–149, hier 140f., 142 u. 144, 144 u. 145.

(2) Entstammt der Schrift »Erfahrung des Geistes« von 1977, die 1978 in Band 13 der »Schriften zur Theologie« aufgenommen wurde. – Unsere Fassung aus: Karl Rahner, Sämtliche Werke, Bd. 29, S. 38–57, hier 49f.

(3) Aus einem TV-Interview im Österreichischen Rundfunk ORF zum 80. Geburtstag Rahners, der später nachgedruckt wurde. – Unser Abdruck aus: Karl Rahner, Sämtliche

Werke, Bd. 31: Im Gespräch über Kirche und Gesellschaft. Interviews und Stellungnahmen. Bearbeitet von Albert Raffelt. Freiburg i. Br. 2007, S. 341–356, hier 351 f.

6. *Mit den Augen Jesu*
Alle Abschnitte (wie schon der allererste Text dieses Bandes) aus dem Vortrag »Warum bin ich heute ein Christ?«, S. 492, 493 und 497.

Anmerkungen

1 Auch die beiden Tagebücher von Fridolin Stier (1902-1981), dem Tübinger Alttestamentler und Orientalisten, zeigen Gott als den nahen, mir innerlicher als ich mir selbst, und zugleich als den fernen, unnahbaren, unsichtbaren; vgl. Fridolin Stier, Vielleicht ist irgendwo Tag. Aufzeichnungen. Freiburg i. Br. ³1982; ders., An der Wurzel der Berge. Aufzeichnungen II. Aus dem Nachlass hrsg. von Karl Seidl. Freiburg i. Br. 1984.

2 Alfred Delp, Gesammelte Schriften. Bd. 4: Aus dem Gefängnis. Hrsg. von Roman Bleistein. Frankfurt a. M. ²1985, S. 110.

3 In seinem Artikel »Die Chancen des Christentums« von 1952 heißt es: »Die religiöse Anlage des Menschen ist unzerstörbar.« – Vgl. Karl Rahner, Sämtliche Werke, Bd. 10: Kirche in den Herausforderungen der Zeit. Studien zur Ekklesiologie und zur kirchlichen Existenz. Bearbeitet von Josef Heislbetz und Albert Raffelt. Freiburg i. Br. 2003, S. 160-183, hier 178.

4 Karl Rahner, Gotteserfahrung heute, in: ders., Sämtliche Werke, Bd. 23: Glaube im Alltag. Schriften zur Spiritualität und zum christlichen Lebensvollzug.

Bearbeitet von Albert Raffelt. Freiburg i. Br. 2006, S. 138–149, hier 138.

5 Karl Rahner, Thesen zum Thema: Glaube und Gebet, in: ders., Sämtliche Werke, Bd. 25: Erneuerung des Ordenslebens. Zeugnis für Kirche und Welt. Bearbeitet von Andreas R. Batlogg. Freiburg i. Br. 2008, S. 382–389, hier 388.

6 Christentum an der Schwelle zum dritten Jahrtausend. Karl Rahner, interviewt von Hans Schöpfer, in: Karl Rahner, Sämtliche Werke, Bd. 31: Im Gespräch über Kirche und Gesellschaft. Interviews und Stellungnahmen. Bearbeitet von Albert Raffelt. Freiburg i. Br. 2007, S. 260–280, hier 262.

7 Die Antwort heißt Gott. Mag. Walter Tscholl im Gespräch mit Univ.-Prof. Dr. Karl Rahner †, Innsbruck 1984, in: Karl Rahner, Sämtliche Werke, Bd. 31, S. 341–356, hier 351.

8 Heinrich Böll, Eine Welt ohne Christus?, in: Karlheinz Deschner (Hg.), Was halten Sie vom Christentum? (List-Bücher 105). München 1961, S. 22.

9 Der »Hirt des Hermas«, eine frühchristliche Schrift, verfasst ca. 100 Jahre nach Jesu Tod, betrachtet die Sorge für die Waisenkinder sogar als Schlüsselaufgabe der Christen (38,10).

Karl Rahner im
Matthias Grünewald Verlag

Karl Rahner (1904–1984) war Jesuit und Theologe von Weltrang. Sein Anliegen war die Vermittlung von theologischer Tradition und modernem Denken. Er hatte großen Einfluss auf das Zweite Vatikanische Konzil und prägte die Grundlinien der Theologie im deutschen Sprachraum bis heute.

Die von Andreas R. Batlogg und Peter Suchla im Matthias Grünewald Verlag herausgegebene Reihe stellt Texte aus dem Werk Karl Rahners vor, die zeigen, wie christlicher Glaube das Leben auch heute bereichern kann.

Karl Rahner

Jesus nachfolgen – anders als gedacht
ISBN 978-3-7867-3303-4

Karl Rahner überrascht mit einer anderen Sicht
auf die Nachfolge Jesu. Es geht ihm nicht
um die Nachahmung eines idealen Lebens,
sondern um ein existentielles Geschehen in
der Tiefe unseres Herzens.

**Vom Unterwegssein, Pilgern und
Ankommen für immer**
IBSN 978-3-7867-3248-8

Karl Rahner zeigt auf, dass unser ganzes Leben
ein Unterwegssein und Pilgern ist. Die Wege
eines Menschenlebens sind ein Sich-Bewegen
mit Gott an unserer Seite – auf Gott zu.

Karl Rahner

**Warum Beten manchmal schwerfällt –
und was daran gut ist**
ISBN 978-3-7867-3240-2

Karl Rahner kennt das Gefühl, dass betendes Rufen
ein Leben lang ohne Antwort zu bleiben scheint.
Für ihn ist gerade die im Beten gemachte Erfahrung
des Schweigens Gottes der Schlüssel
zum erwachsenen Beten.

Von der Kraft, täglich neu zu beginnen
ISBN 978-3-7867-3211-2

Woher die Kraft nehmen, sich dem zermürbenden
Alltag täglich neu zu stellen? Karl Rahners Gedanken
geben dem Tagesanfang ein zärtliches Versprechen
für einen guten Ausgang.

Karl Rahner

**Advent – Von der tiefen Sehnsucht
unseres Lebens**
ISBN 978-3-7867-3147-4

Eine tiefe Sehnsucht begleitet die Menschen
ein Leben lang. Worin diese Sehnsucht besteht
und wie sie zur Erfüllung gelangt, ist das
wahre Geheimnis des Advents.

Von der stillen Weihnacht unseres Herzens
ISBN 978-3-7867-3193-1

Für Karl Rahner führt Weihnachten ins Zentrum
christlicher Reife: Dorthin, wo Menschen
in ihrem innersten Dasein ankommen, die Angst
um sich selbst loslassen, um aus der Enge
ins Weite zu finden.

Karl Rahner

Altwerden und lebendig bleiben
ISBN 978-3-7867-3274-7

»Wie erleben Sie die Zeit des Alterns?«,
wurde Karl Rahner gefragt. Wir werden alle alt –
und meistens malen wir uns das Alter eher in
dunklen Farben aus. Und doch ist es gut,
sich ohne Düsternis darüber Gedanken zu machen.
Rahner zeigt auf, dass Altwerden eine
besondere Gnade ist – eng verbunden mit der
geheimsten Aufgabe des Christen, die zur
Quelle von allem Lebendig-Sein führt.

Karl Rahner

Glaube und Kultur:
Zu Literatur, Musik und Kunst
Hg. von Gesa E. Thießen

ISBN 978-3-7867-3315-7

Karl Rahner SJ (1904–1984) reflektierte öfter über gesellschaftlich-kulturelle Themen aus theologischer Perspektive. Gerade weil die Künste an sich kein Forschungsschwerpunkt seines akademischen Wirkens waren, beeindrucken seine zentralen Einsichten und relevanten Überlegungen zu einer Theologie der Kultur. Menschlich inspirierend und vom Glauben getragen laden Rahners Beiträge zum erneuten Mitdenken und Weiterdenken ein.

Die evangelische Theologin Gesa E. Thießen hat Rahners gesammelte Beiträge zum Thema zusammengestellt und mit einer Einleitung erschlossen und kommentiert.